Título: Dibujando Las Caricaturas

Copyright © Giuseppe Lombardi

El autor

Giuseppe Lombardi nació en Caserta en 1983.

Desde pequeño mostró su vena artística, apasionándose por el dibujo a mano y el mundo del cómic, al que dedicaba tardes enteras.

Graduado en el liceo lingüístico de Santa María Capua Vetere (Ce), abandonó temporalmente esta pasión y la redescubrió en 2007, acercándose no sólo al dibujo a mano sino también al uso de software gráfico.

Desde 2012 Giuseppe transformó esta pasión en su profesión actual y así nació

fattidisignare.com.

Giuseppe cuenta con numerosas colaboraciones también con V.I.P. Nacional e internacional.

Giuseppe se ocupa principalmente de ilustraciones personalizadas en varios estilos, pero también de la creación de logotipos, carteles, folletos, señalización, creación de dibujos animados de fútbol para periódicos online, dibujo en vivo para ceremonias y fiestas privadas con dibujos hechos a mano en vivo en sólo 2 minutos.

Además, al combinar el dibujo a mano con el software de gráficos, crea su propio estilo personal de dibujo digital.

www.fattidisegnare.com

Índice

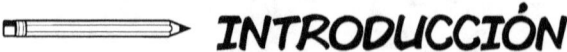 # INTRODUCCIÓN

El libro Dibujando Las Caricaturas es una guía completa y rápida para aquellos que quieran aprender a dibujar caricaturas frontales divertidas y desternillantes. El libro cubre todo lo que necesitas saber, desde los conceptos básicos del dibujo hasta técnicas avanzadas para crear caricaturas llamativas.

Comience con los conceptos básicos de las proporciones faciales y cómo crear una caricatura usando líneas simples y formas básicas. También incluye consejos prácticos sobre cómo resaltar los rasgos distintivos de una persona y cómo convertir estos rasgos en elementos cómicos en su caricatura.

En resumen, el libro de caricaturas es una herramienta imprescindible para todo aquel que quiera aprender a crear caricaturas divertidas y creativas. Con instrucciones detalladas y consejos prácticos, este libro le ayudará a desarrollar sus habilidades para dibujar caricaturas y convertirse en un artista experto.

Caricaturas

Las caricaturas son un arte divertido y versátil, una forma única de representar la realidad a través de la exageración de los rasgos faciales y corporales de las personas. Se utilizan para crear imágenes divertidas e irónicas, a través de las cuales criticar a la sociedad o a personajes famosos.

Las caricaturas pueden dibujarse a mano o crearse digitalmente y pueden usarse en muchos medios, como periódicos, revistas, cómics y películas animadas. Algunos de los caricaturistas más famosos fueron Charles Dana Gibson, Al Hirschfeld y Gerald Scare. Además de entretener, las caricaturas pueden tener fines educativos y de denuncia social.

Las caricaturas se han utilizado durante siglos para comentar sobre la sociedad y la política, y siguen siendo un medio eficaz para expresar opiniones y críticas actuales. También hay muchos artistas que se especializan en dibujar caricaturas y que crean obras de arte únicas y entretenidas.

El proceso de creación de una caricatura comienza con el análisis de los rasgos faciales y corporales de la persona o personaje que deseas representar, seguido de exagerar ciertos rasgos para crear una imagen divertida y llamativa. La elección de los colores y el fondo es otra consideración importante a la hora de crear una caricatura.

Para crear una caricatura, es importante tener un buen conocimiento de las proporciones del rostro y el cuerpo humanos, así como de las expresiones faciales.

La proporción es importante porque nos permite crear una imagen reconocible como la persona o personaje que representamos, pero al mismo tiempo nos permite exagerar ciertos rasgos para crear el efecto deseado.

En cuanto a la elección de colores, se suelen utilizar colores brillantes y saturados. Es fundamental elegir un fondo adecuado para la caricatura, a fin de crear un contraste efectivo con la figura principal.

¿Puedes aprender a dibujar caricaturas?

Sí, es posible aprender a dibujar caricaturas. Como ocurre con cualquier otra forma de arte, dibujar caricaturas requiere tiempo, práctica y dedicación. Hay muchos libros, tutoriales en línea y cursos que pueden ayudarte a aprender las técnicas básicas de dibujo y exageración de rasgos para crear caricaturas efectivas.

Practicar dibujar retratos y figuras humanas puede ser útil para mejorar tu comprensión de las proporciones y las expresiones faciales, que son clave para dibujar caricaturas.
Y luego, una vez que tengas un conocimiento básico de las técnicas de dibujo, es importante seguir practicando y experimentando con diferentes técnicas y estilos para encontrar tu propia forma única de dibujar caricaturas.

En general, aprender a dibujar caricaturas requiere tiempo, práctica y dedicación, pero con las herramientas y la motivación adecuadas, es posible convertirse en un artista caricaturista exitoso.

¿Como trabajas?

Los caricaturistas trabajan creando imágenes divertidas y a menudo exageradas de personas, animales o personajes. Pueden utilizar una variedad de técnicas, como dibujo a mano o gráficos por computadora, para crear sus obras.

Los caricaturistas suelen comenzar con un boceto a lápiz para establecer las proporciones y expresiones del sujeto. A continuación, utilizan una variedad de técnicas para refinar la imagen y agregar detalles y color.

Los caricaturistas profesionales pueden trabajar en una variedad de entornos, como revistas, periódicos, ferias comerciales, eventos, bodas o incluso como autónomos. También pueden crear obras personales para exposiciones o venderlas como impresiones originales.
Algunos caricaturistas también trabajan como ilustradores y crean imágenes para libros, revistas o sitios web.

LAS FORMAS BÁSICAS DE LA CARA.

Las formas básicas para dibujar caricaturas son las del rostro y la cabeza.

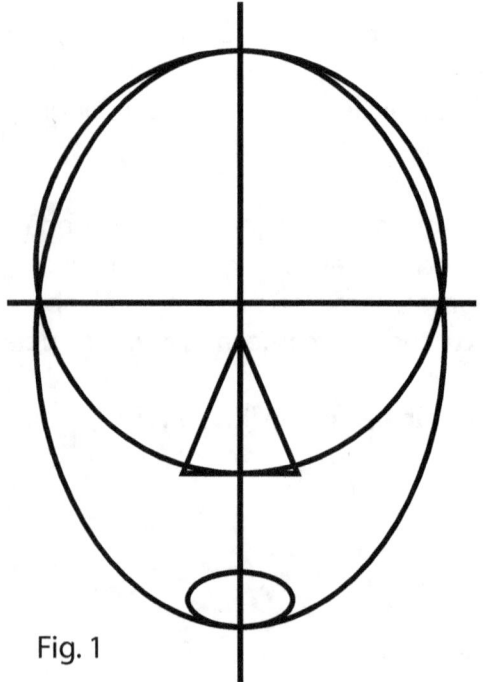

Fig. 1

En cuanto al rostro, las formas básicas de un rostro consisten en:
- Forma de cabeza ovalada
- Forma circular de la frente
- Forma triangular de la nariz
- Forma del mentón ovalada o redonda.

Además, es importante prestar atención a las proporciones de los rasgos faciales, como los ojos, los oídos, la boca y la nariz.

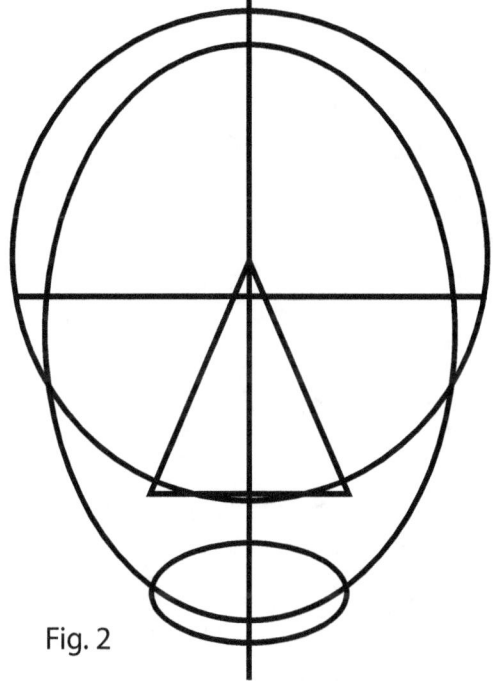

Fig. 2

A su vez, estas formas pueden ser exageradas.

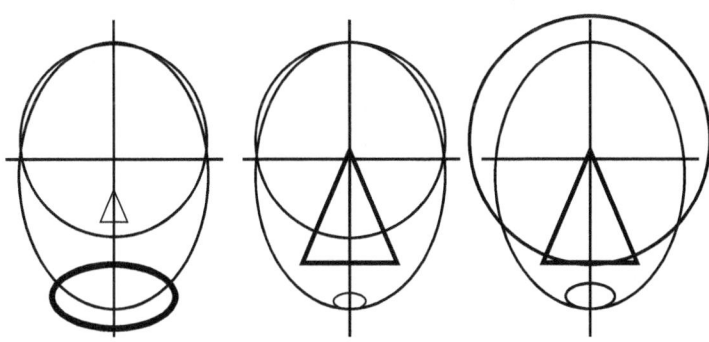

En cuanto a la forma de la cabeza, además de la ovalada, existen formas como triángulo, círculo, cuadrado, hexágono, pentágono.

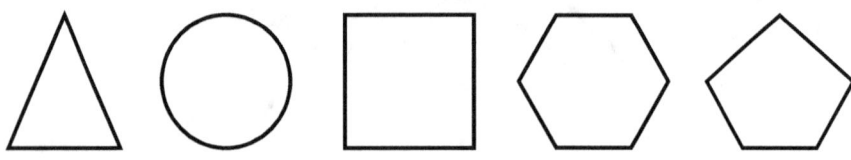

A su vez, estas formas pueden ser exageradas.

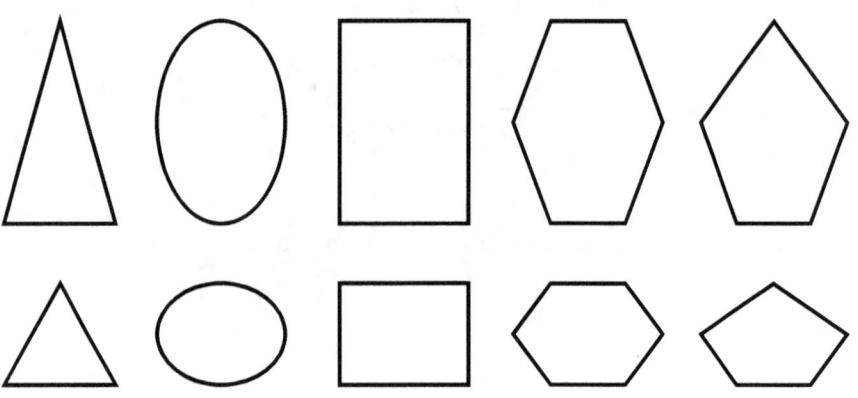

ANÁLISIS DE RASGOS FACIALES.

El primer paso para dibujar una caricatura es analizar los rasgos faciales de la persona que quieres retratar. Preste atención a las proporciones faciales, como la longitud de la nariz en relación con los ojos, la forma de los labios y la longitud de la frente. Busque también rasgos faciales distintivos, como arrugas, cejas y cabello. Analizar los rasgos faciales es un paso fundamental para crear caricaturas efectivas.

Aquí hay algunas cosas a considerar al analizar los rasgos faciales para caricaturas:

- Proporciones: Es importante entender las proporciones del rostro humano para crear caricaturas realistas. Por ejemplo, al representar una línea horizontal imaginaria, los ojos deben estar aproximadamente a la misma altura, mientras que la nariz debe estar alineada con la boca.
- Expresiones: Las expresiones faciales son un elemento clave para crear una imagen llamativa. Por ejemplo, puedes hacer que una persona parezca enojada o confundida para crear una imagen divertida.
- Rasgos distintivos: cada persona tiene rasgos distintivos, como una nariz pronunciada o un mentón prominente o una boca grande, todos elementos que contribuyen a aumentar el parecido.
- Características: Las líneas faciales, como arrugas y pliegues, pueden exagerarse para lograr un efecto cómico.

En general, el análisis de los rasgos faciales para caricaturas implica comprender las proporciones, expresiones, rasgos y líneas distintivas del rostro, así como el uso del color para crear un efecto cómico.

En general, el análisis de los rasgos faciales para caricaturas implica comprender las proporciones, expresiones, rasgos y líneas distintivas del rostro, así como el uso del color para crear un efecto cómico.

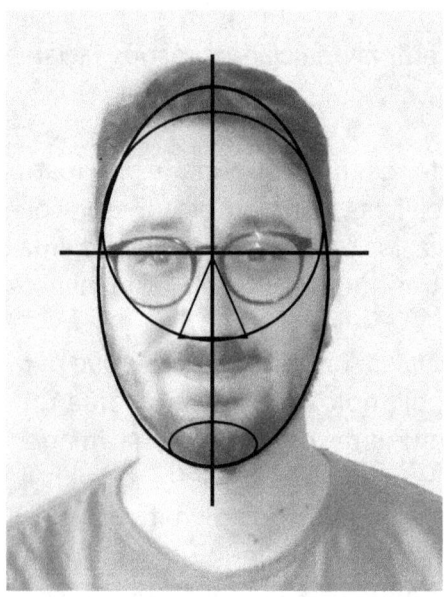

Tomemos esta cara como ejemplo práctico.
Tenemos en orden:
- Forma de cabeza ovalada
- Forma ovalada del mentón
- Forma redonda de la frente
- Forma triangular de la nariz

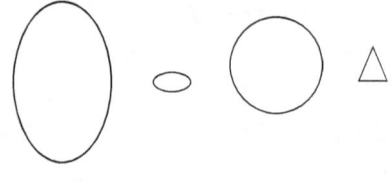

Una vez creadas las formas básicas, comencemos dibujando el rostro en cuestión, intentando ahora simplemente mantener las proporciones.

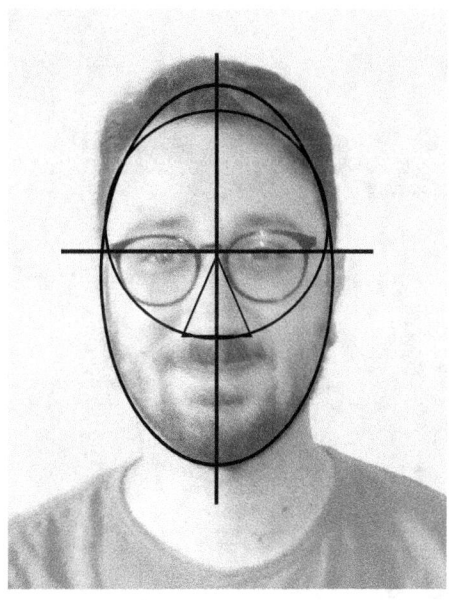

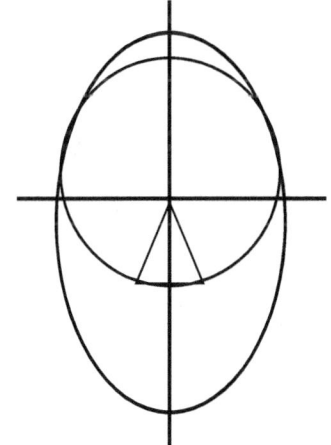
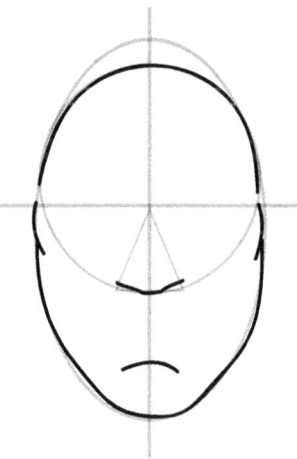

Presta atención a las proporciones del rostro, comencemos por el largo de la nariz respecto a los ojos, la forma de los labios y el largo de la frente. Busque también rasgos distintivos del rostro, como arrugas, cejas, cabello, barba, gafas, etc...

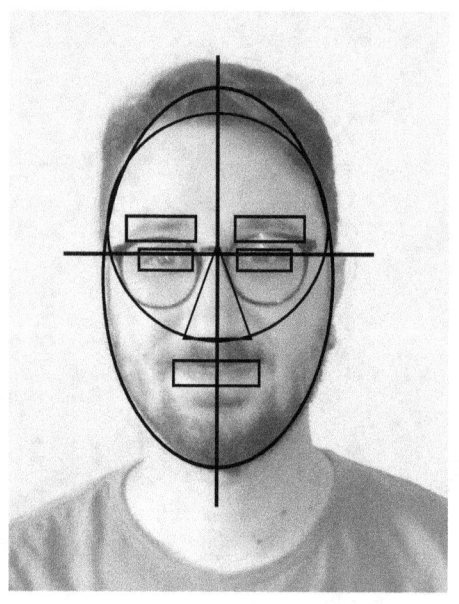

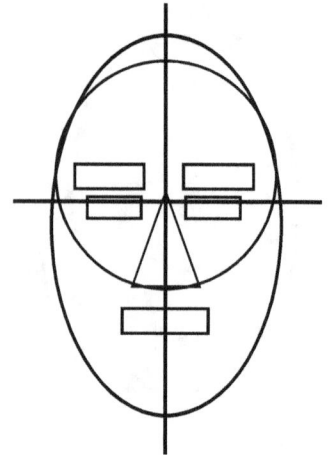
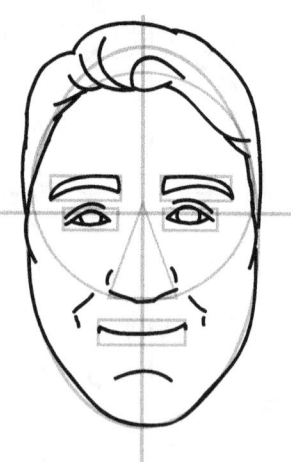

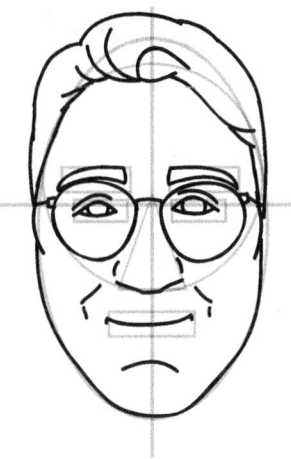
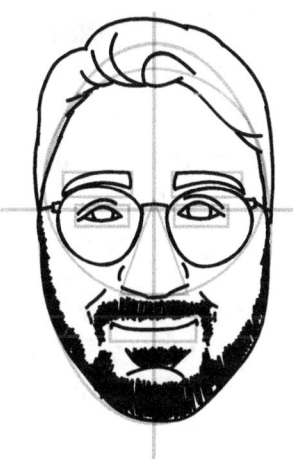

Añadimos orejas y cuello y finalmente completamos con el interior de los ojos.

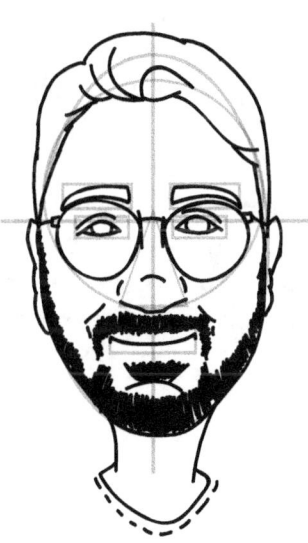
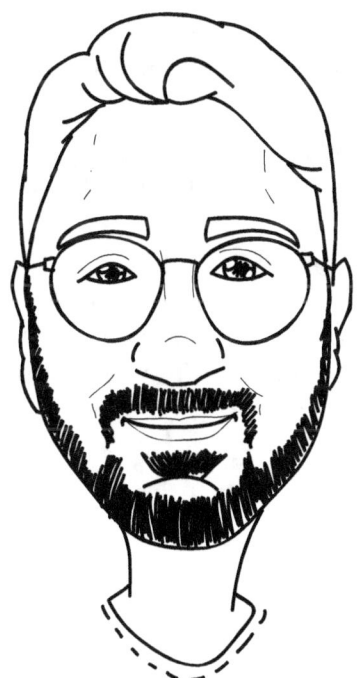

EXAGERAR CARACTERÍSTICAS

Exagerar los rasgos caricaturescos es una de las principales técnicas utilizadas por los caricaturistas para crear imágenes comprensivas. Hay varias formas de exagerar las características de las caricaturas:

- Agrandar o alargar determinadas partes de la cara o del cuerpo para crear un efecto cómico. Por ejemplo, puedes alargar la nariz o agrandar los ojos para crear una expresión divertida.

- Cambia la proporción de algunas partes del rostro o del cuerpo para crear un efecto cómico. Por ejemplo, hacer que la frente parezca más grande que el resto del rostro para crear una expresión divertida.

- Utilice una gama de colores brillantes para resaltar determinadas partes del rostro o del cuerpo y crear un efecto cómico.

- Utilice líneas de contorno negras y gruesas para enfatizar ciertas partes de la cara o el cuerpo.

En general, exagerar los rasgos de la caricatura te permite crear dibujos que llaman la atención y te hacen sonreír. Es importante saber utilizar los elementos de forma equilibrada para evitar crear imágenes confusas o demasiado exageradas, que no transmiten el efecto deseado.

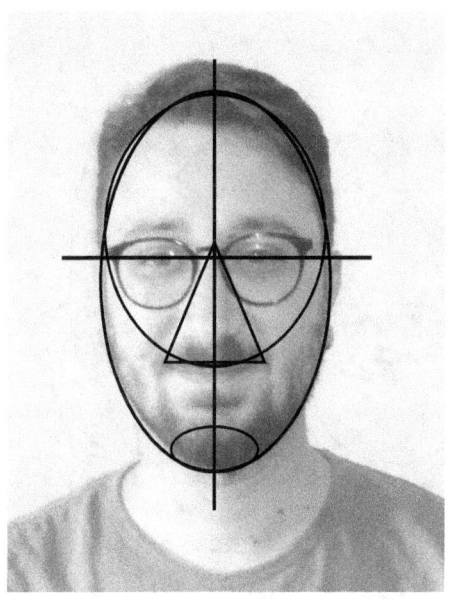

En este caso decido hacerlo en orden:
- Forma de cabeza ovalada
- Forma ovalada del mentón
- Forma ovalada de la frente
- Nariz triangular más grande

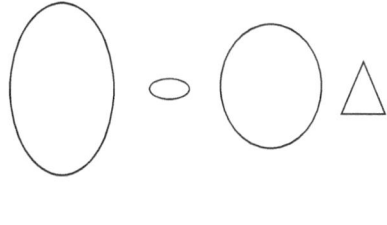

Luego añadimos gafas grandes, ojos grandes y una boca un poco más grande.

Entrando en más detalle, trabajo en las formas enumeradas anteriormente.

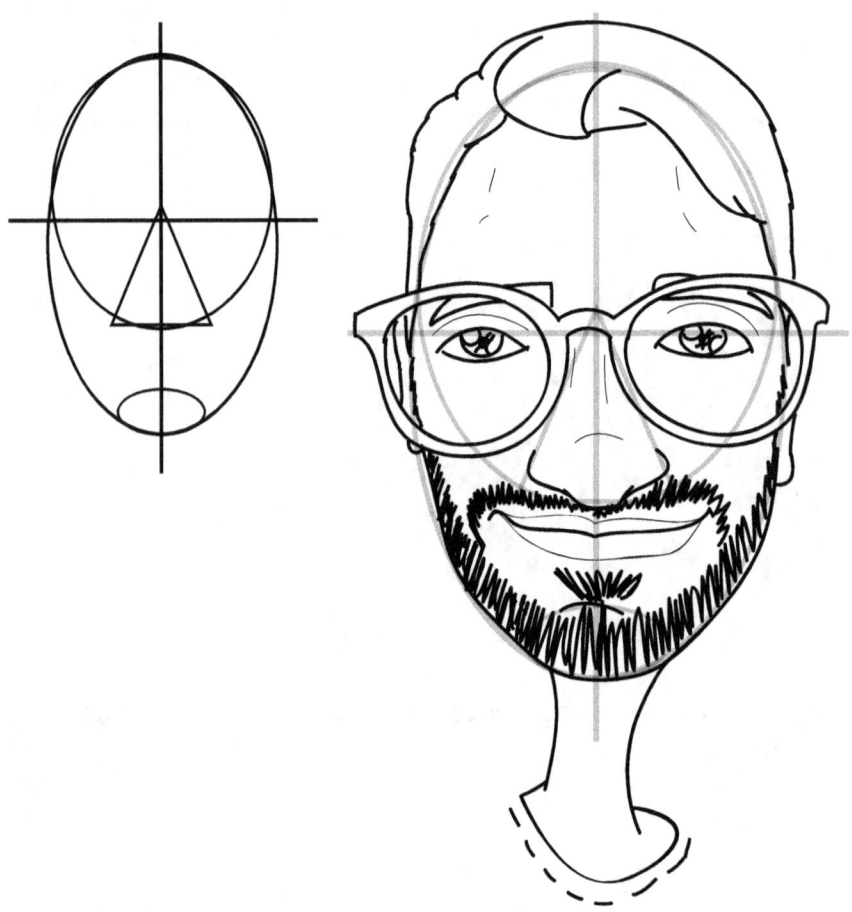

Ahora quiero proponerte un pequeño reto: coge un papel y un lápiz y dibuja una caricatura de un personaje famoso del mundo del espectáculo, de un amigo o incluso de ti mismo. Sí, has leído bien, ¡tu caricatura! No temas exagerar tus facciones, agrandar tus ojos o alargar tu nariz, ¡lo importante es divertirte! Cuando hayas terminado, ¡comparemos los dibujos y veamos quién creó la caricatura más divertida!

Aquí hay algunas ideas para ser creativo:

También puedes usar esta foto para entrenar.

Dibuja una caricatura de un actor o cantante famoso, exagerando los rasgos.

Dibuja una caricatura de un amigo o familiar, tratando de capturar su personalidad única en una imagen divertida.

Dibuja tu caricatura, exagerando los rasgos para crear un efecto cómico.

Experimente con diferentes técnicas de dibujo, como líneas de contorno gruesas.

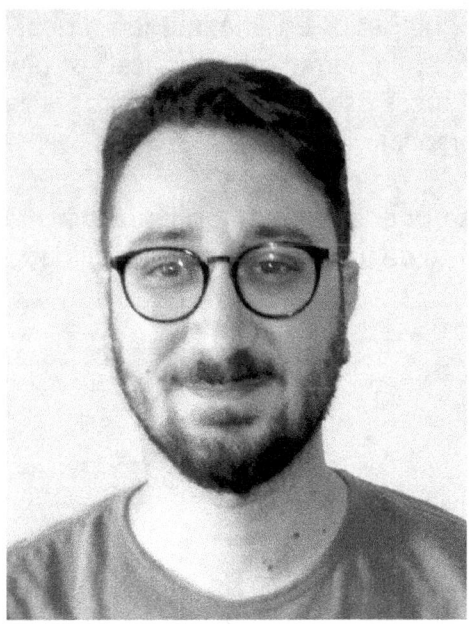

LOS MATICES

En las caricaturas se puede utilizar la técnica del sombreado para crear efectos de luces y sombras, dándoles profundidad y realismo.

Hay varias formas de sombrear caricaturas.

- Sombreado a lápiz: puedes utilizar un lápiz suave para crear sombreado en el papel. Puedes crear efectos de luces y sombras en los rasgos faciales, como los pómulos, la frente y la mandíbula, para darle al rostro mayor profundidad y realismo.

- Difusión con pincel: puedes utilizar un pincel, acuarela o tinta para crear fusiones sobre papel. Esta técnica es útil para crear efectos de luces y sombras en el cabello y la ropa del personaje.

- Degradado digital: puede utilizar un programa de gráficos digitales para crear degradados en una imagen digital. Puedes utilizar herramientas como la herramienta "pincel" o "pincel suave" para crear efectos de luces y sombras en los rasgos faciales, el cabello y la ropa de tu personaje.

El sombreado se puede realizar con lápiz, pincel o herramientas digitales, depende de tus preferencias y habilidades.

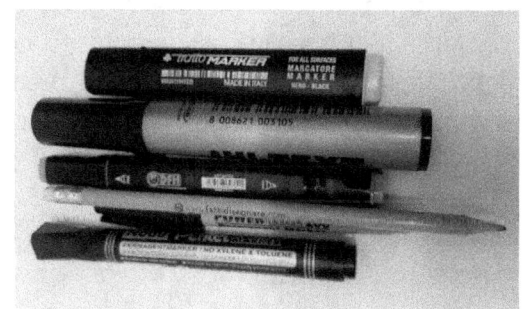

Rotuladores de varios tamaños y lápiz.

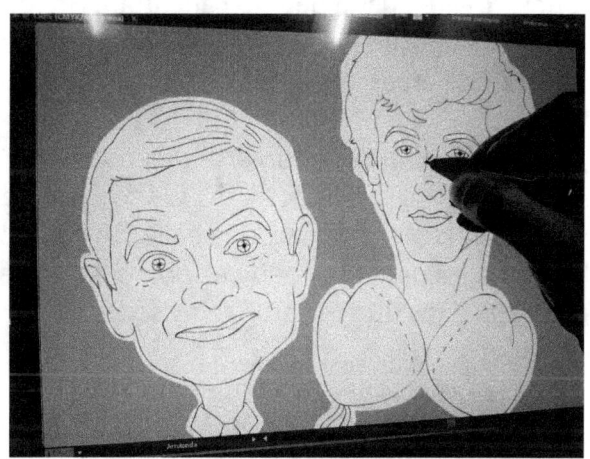

Tableta gráfica en monitor

Conclusión

Para convertirse en un experto en la creación de caricaturas, es importante estudiar la técnica y la perspectiva, así como tener un buen conocimiento de la anatomía humana. También es importante observar los modelos y estudiar sus características distintivas, para luego exagerarlas creativamente en tu trabajo.

Además, es fundamental experimentar con diferentes técnicas de dibujo y coloración, como lápiz, pincel, digital, para encontrar la que mejor se adapta a tu estilo y forma de trabajar.

La elección del fondo y los colores también es importante para crear una atmósfera adecuada para tu caricatura. Un fondo simple y limpio puede resaltar los rasgos faciales, mientras que un fondo más elaborado puede crear una atmósfera divertida y surrealista.

En general, dibujar caricaturas es un arte divertido y emocionante que requiere un análisis cuidadoso de los rasgos faciales, una exageración creativa de los rasgos y una elección cuidadosa de los colores y el fondo. Con práctica y dedicación, podrás crear imágenes divertidas y atractivas que te harán reír y sonreír.

¡Hola amigos artistas!

Gracias por la atención.

No importa si eres principiante o profesional, me gustaría ver qué puedes hacer después de leer y practicar mi guía. Les interesa todo tipo de estilos y técnicas, así que no temas experimentar y mostrar tu creatividad.

Envía tus dibujos al correo electrónico: fattidisegnare@gmail.com
y estaré encantado de echar un vistazo a tu trabajo. ¡No puedo esperar a ver lo que me envías!

Y recuerda que la creatividad no tiene límites, ¡así que diviértete y sé creativo con tus ideas!

¡Nos vemos pronto!